PRÉCEPTES POLITIQUES

A L'USAGE

D'UNE MONARCHIE.

N.º II.

SUITE DU CHAPITRE I.ᵉʳ;

MOYENS DE PARVENIR DANS UNE MONARCHIE.

Tout chemin mène à Rome.

AVANCEMENT.

L'élévation en grade ou en dignité d'un fonctionnaire employé par le gouvernement.

La plus grande partie des princes ont eu la sotte vanité de se vanter publiquement que leur bon plaisir était la seule raison, le seul titre valable des AVANCEMENS qu'ils accordaient. Cette prétention, soutenue par leur puissance, flattait leur amour-propre, les aggrandissait à leurs yeux, les débarrassait, eux et leurs ministres, des justes réclamations des vieux serviteurs qui se plaignaient qu'on les eût oubliés dans les promotions qui devaient les AVANCER, et qu'on eût nommé à leurs places des jeunes gens qui ne les avaient pas gagnées aussi légitimement qu'eux.

LE ROI EST LE MAITRE DE SES GRACES.

Ce refrain, qu'on répétait sans cesse en France, pour fermer la bouche aux réclamans, sans que les affaires de l'État en fussent mieux, devint un principe très-commode pour les bureaux ; ils l'adoptèrent aussi avec empressement ; ils l'étendirent tant qu'ils purent ; et, sous le prétexte de n'accorder les AVANCEMENS qu'au mérite, ils substituèrent l'arbitraire à l'ancienneté et aux autres droits que les usages antérieurs autorisaient les prétendans de citer en leur faveur, et qui, jusqu'à cette innovation, avaient réglé les rangs dans leurs corps respectifs.

Le mérite! dans une grande administration comme l'était celle de la France, quel ministre assez présomptueux pour se croire capable, à lui seul, d'apprécier, de juger et de choisir ce qu'il y a de meilleur parmi les individus du nombreux personnel attaché à son département? Les bureaux, les inspecteurs, les directeurs de province, enfin les premiers sous-ordres, en tous genres, lui donneront-ils des renseignemens suffisans, pour que les nominations soient toujours bonnes et approuvées par les corps respectifs où l'on placera ces nouveaux élus? ce remède étend le mal, au lieu de le guérir, parce que chaque personne consultée a, comme le ministre, des parens, des favoris, des flatteurs à placer, de préférence aux gens de mérite qui sont sous sa dépendance.

Les connaissances acquises par un ministre, d'après les rapports que lui font ses principaux commis, sur le caractère et la capacité particulière des individus qui remplissent son administration, ne sont pas à rejeter, quand elles désignent des sujets véreux, incapables ou déshonorés. Un chef respectable y regarde à deux fois, quand il s'agit de perdre un de ses subalternes; il est plus coulant à prodiguer des éloges qui peuvent contribuer à L'AVANCEMENT d'une de ses créatures chéries. Si ces bons parens, si ces bons amis correspondent avec des ministres sévères et persiffleurs, ils risquent tous les jours de s'attirer des réponses à peu près pareilles à celles que M. *Berryer*, ministre de la marine, fit au commandant du port de Toulon : « J'ai mis, Monsieur, sous » les yeux du Roi, la liste que, sur ma demande, vous m'avez » envoyée des personnes sous vos ordres, qui, selon vous, ont » le plus de droit pour obtenir ses bontés particulières. Sa » Majesté a vu, avec la plus grande satisfaction, que les offi- » ciers les plus susceptibles, par leur mérite et leurs services, » d'être préférés dans la répartition de ses grâces, avaient » tous l'honneur d'appartenir à votre famille; je vous en féli- » cite; mais je vous prierai, Monsieur, de me refaire un se- » cond état qui me permette de satisfaire un plus grand » nombre de parens. »

On a remarqué que les choix des commandans particuliers sont généralement plus mauvais que ceux de la cour; c'est tout simple : ils ont moins de grâces à disposer, et dans un terrain moins étendu, ils sont entourés par un plus grand nombre de prétendans, de leur famille et des convenances de toute espèce des sociétés qu'ils fréquentent habituellement. Ces forces réunies contre leur faiblesse humaine les obligent souvent à capituler avec leur jugement et leur impartialité.

Une administration étendue dans ses détails doit, de toute nécessité, adopter un régime de centralisation. Ce système ne garantit pas absolument qu'on n'y fasse point de choix déplacés, et qu'il n'y ait jamais d'injustice dans les AVANCE-MENS; mais si les premiers chefs ont seuls le droit d'accorder les préférences à leurs protégés, leur nombre ainsi réduit peut devenir tolérable, et, sans inconvéniens sensibles dans le courant du service. Toutes leurs créatures favorisées ne seront pas, d'ailleurs, des sujets à rejeter, quand même une partialité marquée ne les soutiendrait pas; mais si le ministre partage ce privilége, qu'en pratique on ne peut guère lui ôter, avec les principaux fonctionnaires employés dans son département, il est facile de prévoir qu'alors tout le monde s'en mêlant, il ne restera plus de bonnes places pour les gens de mérite et sans protection majeure.

La confusion sera à son comble, si l'on admet pour titres valables D'AVANCEMENT, les considérations de famille, les intérêts de cotteries, les assiduités des femmes, les revers de fortune, les importunités des mendians, et cette foule de motifs, auxquels un homme d'état pénétré de ses devoirs, ne doit pas avoir égard, et que j'ai vus si puissans dans le déclin de la France. Ce ne serait qu'un demi-mal, si ces affamés des bienfaits de la cour se contentaient de solliciter par eux-mêmes; mais ces intrigans infatigables se font en outre appuyer, e ne sais comment, par des personnages considérables, soit par leur naissance, leur rang, leurs emplois, ou leur position momentanée. La bonté d'âme, quelquefois l'avarice, assez souvent la vanité de faire parade de leur crédit, et leur politique prudente d'entretenir une correspondance toujours active avec les bureaux ministériels, portent ces protecteurs bannaux à remuer ciel et erre, pour obtenir des grâces et des AVANCEMENS prématurés en faveur de beaucoup d'indifférens, de connaissances, d'alliés et de parens du degré le plus reculé.

Observez de sang-froid ces meutes si acharnées, pour attraper les grâces de la cour : vous vous croirez au milieu d'une galerie de joueurs, travaillant sur une banque, sous la surveillance de croupiers indifférens, et entourés de pontes qui ont le talent et l'habitude de faire toujours pencher la balance de leur côté aux dépens de l'homme de bonne foi : parce que celui-ci joue loyalement, et suit sans déviation, le grand chemin que l'honnêteté prescrit; qui, au lieu de le conduire au but qu'il désire atteindre, l'enfonce au contraire dans des trous ou dans des ornières dont il ne peut plus se tirer.

Ce portrait, qui n'est que trop ressemblant, nous donne une idée des mensonges, des calomnies, des tracasseries, et des noirceurs à l'infini, que les jalousies mutuelles de tous ces rivaux entraînent avec elles. Ces manœuvres auxquelles pourtant il faut se conformer, si l'on veut parvenir dans ces sortes de gouvernement, nous découvrent une voie de plus qu'a une nation pour se corrompre et remplir les places essentielles de sujets médiocres, et dont quelques-uns sont même tarés. Si je ne craignais pas d'être taxé de libelliste, combien ne pourrais-je point citer de personnes qui ont dû leur AVANCEMENT à des fautes graves, que l'honneur et la discipline auraient irrévocablement chassées de leur corps; si l'on n'eût pas prévenu la honte de leur expulsion, en se dépêchant de leur accorder un grade qui les mît au-dessus de la correction fraternelle de leurs anciens camarades, ou de leur donner ailleurs un emploi plus avantageux que celui qu'elles étaient forcées de quitter! Ainsi, en plusieurs occasions, l'inconduite s'est trouvé un motif puissant D'AVANCEMENT. Quel système politique!

C'est surtout dans les Colonies d'outre mer où ces exemples se sont vus plus fréquemment. Tandis qu'un ministre aurait dû, au contraire, se faire une loi de n'employer que des officiers sûrs et éprouvés depuis long-temps dans ces pays lointains, dont les administrations se trouvaient par conséquent moins contenues par sa surveillance habituelle, on voulait seulement se défaire d'un mauvais sujet, sans s'embarrasser de ce qu'il ferait ailleurs. Ce n'est pas le tout d'épurer la branche du gouvernement qui vous est confiée, il faut éviter, peut-être avec plus de soin, d'en corrompre les autres.

Nous venons de présenter la liste incomplète des dangers qui proviennent de n'admettre aucune règle, aucun titre dans la nomination et L'AVANCEMENT hiérarchique des employés de l'État, et de s'en remettre entièrement sur leur choix et leur promotion à des grades supérieurs, aux caprices arbitraires d'un ministre et de ses sous-ordres. Cette surveillance, ce triage continuel, sont un fardeau qu'un seul homme ne peut pas supporter, sans broncher à chaque instant; et ses faux pas rendent, par contre coup, faible et chancelante la marche de son administration. L'ordre du tableau, suivi à la rigueur, est cent fois plus avantageux, parce qu'alors la routine et l'amour-propre des corps suppléent en grande partie, et souvent au-delà, à l'incapacité des chefs. Mais avec l'arbitraire absolu, surtout de la manière dont je l'ai vu exercer, il y a à parier que sur un homme de mérite on aura dix sots, présomptueux, ignorans, légers, dédaigneux, qui se plairont à humilier leurs inférieurs par leur arrogance, et à les tourmenter par des innovations qu'ils n'entendront pas et qu'ils feront exécuter de travers, s'en prenant toujours aux subalternes, de ce que leur commandant ne sait jamais calculer ce qu'il fait, ni ce qu'il ordonne. Les fautes, en ce genre, deviennent d'autant plus préjudiciables à l'État, que dans ses torts ce chef se trouve soutenu par les hautes protections qui l'ont mis en place.

Au défaut de règle pour les AVANCEMENS, un ministre timoré s'en prescrira à lui-même. Il cherchera les moyens de diminuer le poids de ses obligations et de le proportionner à ses forces. Une juste méfiance l'engagera à réserver l'exercice de l'arbitraire que la loi lui donne relativement à la nomination des emplois, et à le réserver pour certaines places de premières lignes et restreintes en petit nombre, dont les fonctions importantes, hérissées de détails et de cas imprévus, exigent de la part des chefs des connaissances et des conditions particulières, pour remplir dignement les devoirs de leur charge, à la satisfaction du public et du gouvernement.

Quoique l'arbitraire soit permis et même ordonné dans ces sortes de choix, un ministre sage lui donnera des chaînes et le circonscrira dans certaines limites, qui le forceront, pour ainsi dire, à ne prendre les titulaires de ces places privilégiées que dans telle classe et à telle condition. En fixant ses idées, il travaillera avec plus de sûreté. Le nombre des postulans étant plus restreint par les règles qu'il se sera imposées, il aura moins de difficulté à vaincre pour connaître les solliciteurs, approfondir leur caractère, s'assurer de leurs moyens et mettre chacun à sa place. On évite par ce système de nomination, les demandes indiscrètes, et ces promotions ridicules qui attirent le mépris et la dérision sur les administrations qui se les permettent: comme il arriva après la campagne de *la Boudeuse*, en 1768, quand le duc de Praslin, ministre de la marine fit capitaine de vaisseau M. *Bougainville*, colonel de cavalerie, et capitaine de cavalerie, le *chevalier d'Oraison*, lieutenant de vaisseau, embarqué en service sur la même frégate.

La France a payé assez cher pour n'avoir pas oublié la fameuse transfiguration d'un lieutenant-général des armées navales, en colonel-général des hussards; elle n'a pas sans doute oublié non plus, par la même raison, l'histoire de l'escadre envoyée en Amérique, en 1778, 1779, et de celle de l'armée navale que le traité de paix de 1783 trouva en station à Cadix; de ces deux flottes, qui furent successivement commandées par le comte d'Estaing, lieutenant-général de terre, transformé en vice-amiral, et entouré d'une troupe d'officiers, devenus officiers de la marine par la grâce de Dieu et d'une pareille métamorphose. Pourquoi s'en prendre ensuite aux officiers de la marine, si le succès de leur arme n'a pas répondu à l'attente de la nation?

Si l'on eût su choisir, il y avait assez d'excellens officiers dans la marine de France, pour terminer glorieusement, dans une ou deux campagnes, la guerre d'Amérique. Mais si l'on avait su choisir, MM. de Calonne, Loménie et Necker, ne se seraient pas succédés dans le ministère avec une puissance illimitée. La révolution n'eût pas commencé, et les Français auraient conservé leur prépondérance au milieu des peuples de l'Europe, au lieu d'en avoir été les fléaux et les victimes.

Ces gentillesses, ces jeux d'enfant de l'arbitraire disloquent les corps les mieux organisés, et les réduisent en lambeaux. Si après une première expérience désastreuse dans ce genre, le gouvernement ne se corrige pas de lui-même, il tombe comme la muse tragique de La Harpe, de *chute en chute*, dans un abîme de dissolution. Effrayés de ces conséquences fâcheuses, les bons citoyens se liguent alors, sans s'en apercevoir, avec des factieux masqués, pour engager le prince à choisir des ministres, moins empressés de provoquer le désordre, et moins inconséquens dans la nomination aux places importantes de l'État.

L'on reconnaît ici les avantages inestimables des AVANCEMENS gradués et circonscrits dans certaines classes, par des règles si rigoureusement suivies qu'on ne puisse pas s'en écarter, sans exciter l'étonnement et la réprobation du public; car, comme il arrive presque toujours dans les gouvernemens faibles et ignorans que le parti des factieux gagne de l'influence à la suite de ses querelles politiques, les principaux fonctionnaires de l'État n'en seront que plus enclins à céder à leurs demandes et à favoriser leurs desseins. Si le conseil est gouverné despotiquement par un premier ministre, celui-ci mettra beaucoup de condescendance dans ses choix, en faveur de la clique qui s'élève; et peut-être des arrières pensées criminelles s'empareront-elles de son âme. S'il ne prétend pas monter sur le trône de son maître, il visera au moins à en prendre et à en conserver l'autorité malgré lui. Plein de ses idées ambitieuses, ce nouveau Ruffin profitera de l'arbitraire ministériel auquel de longue main sa nation est accoutumée, pour s'entourer de créatures dévouées; et par des AVANCEMENS rapides, sans motif excusable, il mettra ses complices à la tête de toutes les branches essentielles de l'État.

Les préjugés nationaux sont des entraves qu'un peuple éclairé sur ses intérêts ne devrait pas permettre d'enfreindre impunément. Il est indispensable que les titulaires d'une charge quelconque aient une considération graduée sur la place qu'ils occupent et la nature des fonctions qu'ils remplissent. Or, ils la perdent, au moins en grande partie, quand le public reste stupéfait à la vue de ces fournées D'AVANCEMENS inutiles qu'on fait à la grosse, par douzaines, centaines, et même en plus grand nombre à la fois. La surprise générale, occasionnée par un pareil spectacle, excite bientôt une indignation universelle, si ce tas de nouveaux titulaires, promus à la pelle, n'offre aux yeux du public qu'un ramassis de parvenus tirés des classes inférieures de la société, et qu'on voit par un changement de décoration portés tout d'un coup à des charges honorables; mais on ne pense pas qu'elles cessent de l'être, en les prodiguant aux premiers venus; à des individus sans considération personnelle, qui ne s'étaient jamais attendu à une pareille élévation; la plupart honteux et embarrassés des plumes du paon, dont on les affuble, et du rôle qu'on leur fait jouer pour la première fois; à des hommes obscurs à qui il était, pour ainsi dire, proscrit de figurer sur un aussi grand théâtre, par des *préjugés nationaux* enracinés depuis des siècles dans l'esprit du peuple, et que de belles phrases ministérielles étaient incapables de détruire par enchantement.

Quelle vénération, quelle confiance le public accordait-il à cette cohue de tribunaux spontanés qui, un beau matin, sortirent des ateliers du chancelier Meaupeou, fabricant en gros de magistratures, en 1771, pour les substituer aux anciens parlemens de France, qu'un abus d'autorité sans exemple venait de supprimer, au grand détriment des successeurs du roi, qui avait permis qu'une si terrible opération se fît sous son règne? On s'en souvient, ou l'on doit s'en ressouvenir!

Après le clergé et la magistrature, le militaire est la classe dont l'honneur délicat mérite d'être traité avec le plus de ménagement. Le génie supérieur de nos ministres de la guerre et de la marine n'eut aucun égard à une considération si futile à leurs yeux, lorsqu'il s'agissait d'introduire quelques-unes de ces innovations sublimes, semblables à celles qui ont fini par régénérer la France au point où on l'a vue depuis 1788. « L'ordonnance de 1786, par » exemple, créa *huit cents* places nouvelles d'officiers de la » marine; et à une centaine près, elles furent toutes remplies par le rebut des villes maritimes, et par des gens » de la plus basse extraction, dont les épouses étaient blanchisseuses, couturières, marchandes de pommes dans les » départemens! En dégradant dans les ports le titre d'officier de la marine, et en confondant ainsi tous les États, » le ministre voulait-il amener la France à devenir un état » despotique ou démocratique? Il n'en savait rien : il voulait faire, sans jamais savoir ce qu'il faisait (1). »

Ces potées, ces pots-pourris D'AVANCEMENS copieux, faits à l'improviste, contre toutes les règles de l'art, contrarient les habitudes et les préjugés nationaux, désaccordent l'harmonie du service, introduisent de nouvelles idées et bou-

____

(1) *Tydologie*, tom 1, chap. 2, note A, pag 377.

leversent les esprits, en humiliant les uns sans trop honorer les autres. Ils annoncent en outre un gouvernement qui va par secousse; et, tout en boîtant, un État court à sa ruine, quand il ne marche que par sauts et par bonds.

DISTRIBUTION DES GRACES.

GRACES, *faveurs, récompenses mises à la disposition du prince, comme chef de l'État.*

LA répartition de ces GRACES est motivée sur les services de celui à qui on les accorde, ou sur le bon plaisir du prince qui les donne.

Une monarchie bien réglée se fonde sur un pacte tacite, par lequel les sujets se soumettent à recevoir comme une faveur particulière, toutes les espèces de GRACES que le monarque daignera leur accorder, en récompense des services qu'ils auront rendus ; le prince mentalement s'engage à son tour de ne point les prodiguer au-delà des besoins de l'État, et de moins considérer, dans leur distribution, les courtisans assidus, que les hommes connus pour les avoir méritées.

Les articles de ce traité sont de rigueur : en les observant de part et d'autre, avec une exactitude raisonnable, le gouvernement se corrobore, et gagne beaucoup dans la confiance publique. Il s'affaiblit, du moment qu'il est permis à une des deux parties de les enfreindre impunément, à des reprises trop réitérées et trop marquantes.

Si, au lieu de demander respectueusement les GRACES qu'on croit avoir méritées, les solliciteurs les exigent avec hauteur, comme un droit qui leur appartient, qu'on ne peut pas leur refuser, et qu'ils parviennent ainsi à les arracher de force, au secrétaire d'État qui en a la répartition, le contrat est sapé par ses fondemens : l'équilibre une fois rompu, comment répondre du reste? Ces incartades scandaleuses n'arrivent pas tout d'un coup; elles ont nécessairement été précédées par des injustices et des brusqueries déplacées des bureaux, et par des jactances nuancées des plaignans, qu'on n'a pas su réprimer à-propos, et qui n'ont fait que croître et embellir, par les étourderies, les partialités outrées des ministres, et par l'impunité des gens qui s'oubliaient devant eux. Le prince qui laisse ainsi dégrader sa dignité et celle de ses principaux commettans, dévoile sa faiblesse ou sa nullité. Les insolens deviennent plus audacieux, et ils en imposent tellement que toutes les branches du gouvernement se trouvent obstruées, à chaque instant, par des hommes et des prétentions qu'on n'ose pas rejeter (1). Les factieux ne sont pas les derniers à s'apercevoir et à profiter de cet esprit de pusillanimité.

D'un autre côté, on tombe dans une erreur grossière, si, en interprétant à la lettre les expressions humbles, soumises et respectueuses de ses sujets, le prince s'imagine que les GRACES remises à sa disposition doivent être distribuées

---

(1) Depuis 1763, à peu près, l'histoire de France confirme, presque à chaque page, la vérité de cette assertion.

Voyez la note de la page 495, du tome 2, chapitre 4 de la *Tydologie*.

à sa fantaisie, aux personnes qu'il affectionne, plutôt qu'à ceux qui servent ou ont bien servi l'État. Si une pareille prétention ne se borne point à figurer dans le style de la chancellerie des bureaux; si les ministres en prennent acte, et se persuadent, qu'en conscience, ils n'ont besoin que de l'autorisation du prince pour accorder des GRACES, à qui leur plaît, on enfreint le contract; sans le consentement et contre l'intérêt d'une des parties. C'est donc un abus de confiance et une injustice manifeste. Les premiers éconduits se tairont, peut-être, par respect et dans la crainte de ne pas être écoutés favorablement de leurs compatriotes. Mais les récidives accumulées multiplieront le nombre des plaignans, et finiront par mécontenter tout le monde, avilir les GRACES du roi, épuiser les caisses publiques, exciter enfin une indignation générale contre le gouvernement et ses favoris.

Afficher officiellement et tenir parole que, sans règle et sans responsabilité, on exploitera dorénavant le monopole des GRACES du gouvernement, est, chez un monarque, la fanfaronade d'une autorité enfantine, c'est une faiblesse impardonnable de la part du ministre qui s'en vante. *Élevez les âmes et n'humiliez pas les amours-propres.* Les anciens officiers, les vieux administrateurs, les hommes connus par des services marquans et honorables, se trouvent et sont ravalés devant la multitude, quand on dédaigne de reconnaître leurs titres aux récompenses de l'État, et qu'on les oblige de se regarder très-heureux d'être traités à l'instar des domestiques, qui sont admis à recourir à la bienveillance charitable de leur maître.

Que dirait-on d'un chef qui dépenserait follement en fantaisies personnelles les fonds qu'on lui aurait remis pour récompenser ses subalternes et pourvoir à leurs besoins? Ces conditions auxquelles est soumis tout dépositaire de confiance, ne sont pas moins imprescriptibles aux yeux d'un prince qui se respecte. Un roi, comme un bon père pénétré de ses devoirs, n'oubliera pas que les GRACES, les moyens de récompense, les sommes d'argent qu'on abandonne à sa discrétion, doivent être employés au plus grand avantage de ses sujets, et que ce n'a pas été simplement pour ses menus-plaisirs qu'on lui a fait une concession aussi importante.

En publiant avec emphase, qu'ils regardent comme non admissibles ces *petites légitimités* que les lois, les usages et le bon sens autorisent de citer en faveur des GRACES qu'on sollicite, ces grands personnages ne prévoient point qu'ils sapent, par leurs fondemens, les bases qui soutiennent leur rang et leur existence. Car, si l'on parvient à convaincre une société politique, qu'il n'y a chez elle de titres légaux pour réclamer des GRACES, que ceux favorisés par les affections ou les caprices de la cour, de conséquence en conséquence, les logiciens de cette école pourront, en remontant, agiter la question, si l'hérédité du trône et la conservation du gouvernement établi ont des droits plus imprescriptibles que les autres *petites légitimités* qu'on s'est efforcé avec tant de soin d'annuler jusque dans leur ressouvenir; et si, pour l'adoption d'un prince régnant, il ne serait pas plus avantageux d'avoir égard au mérite de l'individu qu'à sa naissance? Lorsqu'on touche à des préjugés fortement incrustés dans l'esprit d'un peuple, on ne sait pas où s'arrêteront les commentateurs des nouveaux principes qu'on substitue à leur place.

Les rois devraient se ressouvenir que le *cardinal Mazarin*

s'était aperçu qu'à chaque GRACE qu'il accordait, il faisait un *ingrat* et dix mécontens. Sous un gouvernement faible qui touche à son déclin, la rancune de ces derniers entraîne souvent des suites fâcheuses qu'on voit rarement prévenues et arrêtées par la reconnaissance des favorisés.

Les parens du prince, les alentours du trône, lorsqu'ils sont sages et prévoyans, se méfient, avec raison, des conseils que des courtisans avides leur donnent, de prendre du crédit à la cour, et d'avoir la volonté de nommer à toutes les places dont les ministres disposent; parce qu'en cas de réussite, ils *décuplent* leurs ennemis, en proportion du nombre des personnes qu'ils ont obligées.

Les femmes surtout tombent facilement dans ce piége séducteur. Elles sentent vivement; mais, en général, elles réfléchissent peu. Plus sédentaires, et moins distraites, elles ne voient que le mendiant qu'on leur recommande, sans penser à comparer ses titres, pour mériter une récompense, avec ceux des concurrens qui sollicitent la même GRACE que lui. La vanité naturelle à leur sexe les engage aussi, sans qu'elles s'en aperçoivent, à montrer l'influence qu'elles ont prise sur les dispensateurs des bienfaits de la cour, sur ces hommes que leurs places ont créés les arbitres du sort de leurs concitoyens.

Cette princesse si bonne, si affable, si occupée à rendre service, si obligeante, croit se faire aimer de tous ceux qui l'entourent, en travaillant sans relâche au bonheur de ceux qui l'approchent. Elle augmente au contraire, sans s'en douter, le nombre de ses ennemis qui sont irrités contre elle, parce que, par son influence, ils n'ont pas eu la place qu'on a accordée à un de ses protégés. C'est ainsi qu'on amoncèle contre-soi, une multitude de rancune et de plaignans vindicatifs, qui sont tous portés à propager les bruits et les tracasseries qui vous sont défavorables.

Ces grandes dames ignorent les usages des corps, et la nature des services des solliciteurs. Leurs choix souvent ridicules et par fois scandaleux. Leur sont dictés par les habitués de leur salon, par les domestiques qui les servent, et trente ans de bons et loyaux services s'éclipsent devant le protégé d'un valet ou d'une femme de chambre.

Différentes parties du service vont mal à cause de ces malheureuses préférences. La princesse n'en est point responsable, c'est l'affaire des ministres chargés de l'administration suprême. Mais ces branches du gouvernement sont de toute nécessité, dirigées par des hommes ; et le ministère ne peut pas répondre de ces hommes, ni de leur gestion, si, ne les ayant pas trouvés en place, il ne les a pas choisis et nommés lui-même.

La discipline, l'instruction, et le bon esprit des corps n'en souffrent pas moins. Quelle subordination un lieutenant-colonel sans crédit, peut-il exiger d'un jeune sous-lieutenant qui, le lendemain, sera son colonel ? Si, dans l'intervalle où il jouit de la supériorité de son grade, le commandant veut sévir contre les manques de service, les étourderies ou les jactances déplacées de ce subalterne appartenant à une de ces cotteries en faveur, qui le soutiendra ? Au premier cri d'alarme du *prévenu*, des troupes de parens et de protecteurs de toute espèce, se mettent aussitôt aux trousses de ce chef, le poursuivent à leur tour, le tournent en ridicule, modifient, suspendent et arrêtent l'effet de ses punitions, lui procurent des mortifications mul-

tipliées, qu'on a vu quelques fois aller jusqu'à la destitution, pour s'être bêtement imaginé qu'un freluquet sorti
de la cour, ou des bureaux ministériels, était, comme ses
camarades, soumis à se conformer aux dispositifs des ordonnances militaires.

Les officiers sans crédit personnel tâchent, pour avancer,
de s'en faire un auprès des gens qui en ont ou qui pourront en avoir. Les flatteurs, les complaisans, les courtisans, en tout genre, enfin cette séquelle d'intrigans toujours
occupés de complaire à leurs chefs, et de profiter de leur
faiblesse, dominent dans les corps, en obtiennent les meilleures notes et les meilleures places. Ces Messieurs réunis
sont des corporations drôlement meublées de camarades
plus occupés à se nuire qu'à se soutenir les uns les autres.
Le mode de moralité auquel ils doivent leurs succès, et qui
leur en promet davantage, les met au-dessus de ces petites
délicatesses gothiques de bienséances et de fidélité qui, du
temps de leurs pères, avaient tant d'empire sur un *homme
d'honneur*. Les moyens de s'élever de plus haut en plus
haut, occupent uniquement leurs pensées ; et, par suite de
leur calcul, ils s'attachent et se détachent, sans pudeur et
avec la même aisance, de leurs devoirs et de leurs patrons,
selon les conseils de leur ambition, et le parti avantageux
qu'ils comptent en tirer pour leurs intérêts du moment. Au
lieu d'en rougir, ils se vantent au contraire qu'on leur
trouve une ressemblance parfaite avec les feus partisans
de Concini, qui « n'étaient pas honteux d'avancer de tout
» leur pouvoir la grandeur du tyran, afin d'avoir ses bonnes
» GRACES, et cependant laissaient languir l'amour et la
» fidélité que Dieu veut qu'on porte à son Roi et à sa pa-
» trie; et l'ancienne générosité bannie des cœurs français,

» était toute portée à la faveur de l'usurpateur du pou-
» voir, et du distributeur des GRACES (1). »

Cette manière de disposer des GRACES de l'État, a de gra-
ves défauts. Elle décompose un gouvernement, sans y penser; et rappelle la cour fameuse du roi *Petau*, où tout allait si mal, parce que tout le monde s'en mêlait : elle excite en même temps l'humeur et la critique des bons citoyens, et de ceux qui sont naturellement portés au bien. Sous un sultan nul, dans un État presque despotique, les visirs, les demi-visirs, leurs parens, amis, commensaux, parasytes, secrétaires, commis, ouvriers, valets-de-chambre, et valets des valets; ces bandes d'intrigans en gros ou en détail, intéressés aux sottises du gouvernement qui font gémir le peuple, s'irritent jusqu'à la rage, contre les satires journalières qui, avec toute la force que la vérité et la malice du public leur donnent, attaquent nominativement ces accapareurs insatiables des GRACES et des revenus de l'empire. Des ministres légers ou pervers, quelquefois tout les deux, plastronnés de l'autorité du prince, s'arment alors de lois rigoureuses qu'on fabrique exprès pour déclarer criminel de *haute trahison au premier chef*, quiconque ne voudra pas voir le bien dans le mal; et qui s'entêtera à croire et à dire ce qui se passe au vu et au su de tout le monde.

Une loi des empereurs romains poursuivait comme sacrilège, ceux qui mettaient en question les jugemens du prince, et doutaient du mérite de ceux qu'il avait choisis pour quelque emploi (2).

---

(1) Décade de Louis XIII, par Legrain ; pag. 385.
(2) Troisième loi du Code *De crim. sacrile.*

Une autre déclarait que ceux qui attentent contre les ministres et les officiers du prince sont criminels de LÈZE-MAJESTÉ, comme s'ils attentaient contre le prince lui-même (1).

On voit jusqu'où va l'audace d'un favori qui s'est emparé d'un prince nul et despote, dont les volontés législatives ne sont soumises à la révision d'aucun tribunal respectable, avant d'être promulguées et mises en pratique.

Nous devons cette dernière loi au règne d'*Arcadius* et d'*Honorius*, dont la faiblesse est célèbre dans l'histoire. Deux princes qui furent menés par leurs ministres, comme les troupeaux par leurs pâtres; deux princes esclaves dans leurs palais, enfans dans leurs conseils, étrangers aux armées, et qui ne conservèrent l'empire que parce qu'ils le donnaient tous les jours. RUFFIN, un de leurs ministres, s'empara de la toute puissance de leur cabinet, et conspira contre son empereur. Il fit plus : il conspira contre l'empire, il y appela les Barbares; et quand on voulut arrêter le cours de ses complots, l'État était si faible que le prince, ne pouvant pas le mettre en jugement, fut obligé de le faire assassiner pour se sauver lui et son empire.

On a donc vu des ministres tramer contre leur maître, accuser et punir ses plus fidèles serviteurs, et pousser l'audace jusqu'à appeler des étrangers pour le détrôner. Ces faits arrivent trop fréquemment, lorsque la justice, l'ancienneté et les usages reçus ont perdu leur droit, et qu'il n'y a plus ni règle, ni mesure dans la distribution des

____

(1) Six cent quinzième loi du Code *ad. leg. jul. maj.*

graces de l'État, et que la faveur, l'intrigue et la corruption en disposent à leur fantaisie ou selon leur besoin.

Les princes assez aveugles et indolens pour s'abandonner sans réserve aux conseils d'un favori, sont sujets à le voir succomber à la tentation de vouloir régner à leur place, ou tout au moins de conserver, malgré leur volonté, l'exercice de son autorité usurpée dans toute sa plénitude. Les destitutions arbitraires de tous les employés, et leur remplacement à fantaisie, leur fournit des moyens de réussir, d'autant plus faciles, qu'il choisit ses nouveaux promus, parmis des gens tarés dans l'opinion publique, n'ayant d'autre existence dans le monde, que celle que leur donne le ministre qui les nomme, qui les soutient, et dont ils dépendent à discrétion. Toutes les branches du gouvernement sont bientôt dirigées exclusivement par le pouvoir illimité de ses créatures. Sûr de ses complices, ce traître maîtrise à-la-fois les tribunaux et tous les fonctionnaires publics du royaume. Tenant ainsi tous les fils de l'administration dans ses mains, et placé par les précautions qu'il a prises, au-dessus des lois et de tous les magistrats de son pays, cet ingrat conspirateur n'a plus qu'un pas à faire pour se voir revêtir de la pourpre royale, si son prince légitime ne sort pas à temps de sa léthargie.

Le moment de son réveil est terrible ; ce souverain circonvenu et garotté de toute part, se trouve au bord d'un abîme, sans savoir à qui s'adresser pour sortir de la position pénible où l'a mis sa trop grande confiance. La force des circonstances l'oblige alors, sous peine de mort, ou de destitution, d'avoir recours au *crime* ; c'est la seule ressource qui lui reste, pour se débarrasser des armes empoisonnées que la perfidie et l'ingratitude ont tournées contre lui.

C'est toujours une extrémité cruelle pour un prince que d'en venir au meurtre. Mais, *nécessité n'a pas de loi*. N'est-ce pas à leur corps défendant qu'Honorius fit assassiner Ruffin; Henri III, le duc de Guise, Louis XIII, le maréchal d'Ancre........

Je m'arrête à celui-ci, parce que, d'après les mémoires du temps, son cadavre fut déterré par le peuple, et pendu par les pieds, à l'une des potences qu'on avait fait dresser pour ceux qui *parleraient mal de lui.*

Ce *sang était-il donc si pur?* Quoi qu'il en soit, il n'eût pas été versé aussi scandaleusement, chez un peuple, où une routine respectée depuis long-temps aurait imprimé une espèce d'inamovibilité de fait, qu'on ne pouvait enfreindre, que dans les cas assez rares, prévus par les usages établis, sans exciter une surprise et un soulèvement presque général dans les esprits; et si la naissance, l'ancienneté, l'achat d'une charge vénale, un apprentissage d'une certaine durée dans un noviciat déterminé par la loi, ou d'autres conditions à peu près semblables, eussent circonscrit des groupes séparés, dans lesquels on eût été obligé de choisir exclusivement les individus destinés à succéder aux emplois vacans qui appartenaient à chacune de leurs classes; c'est-à-dire, dans un cercle de candidats déjà connus et éprouvés. Avec de pareilles entraves, ces traîtres, dont nous venons de parler, ces ministres *étrangers* (1), victimes du *crime*, parce

---

(1) *Ruffin* était un gascon étranger aux Grecs de Constantinople, *le duc de Guise*, ministre de François II, premier auteur de la ligue, était Lorrain, d'une province qui n'était pas française sous le règne de Henri III.

qu'ils avaient voulu régner par le *crime*, se seraient vus forcés
de vivre et de gouverner avec les hommes qu'ils auraient
trouvés en place, et de nommer un à un aux emplois, à mesure
qu'ils vaquaient, des personnes, dont les sentimens et l'état
antérieur ne différaient guères de ceux qu'ils remplaçaient.
Cette contrainte déjoue un favori, un ministre factieux ; en
restreignant la latitude de ses choix et des GRACES dont il
dispose, on diminue en proportion ses moyens d'entretenir et de recruter des complices. On retarde considéra-
blement la marche de ses complots ; on lui ôte même l'idée
d'y penser, et l'impossibilité de substituer subitement à des
fonctionnaires publics et respectables, des gens de sac et de
corde, des parvenus entièrement dévoués à sa cause et à sa
personne. Son ambition eût été retenue par l'ordre de succession qui régnait partout. Ces masses passives fortement
constituées, arrêtent, du premier abord, les écarts de son
imagination insatiable de pouvoirs. Ce ministre se fût contenté
de suivre les pas et le régime de ses prédécesseurs ; sa place
restait encore assez belle. Il eût été jaloux de la conserver, et
peut-être d'y acquérir la réputation d'un homme d'État, distingué dans l'histoire par sa sagesse et son honnêteté ; mais
une ambition qui se satisfait trop aisément ne s'arrête pas de
même.

La distribution des GRACES, la nomination aux emplois
sont des devoirs à remplir, et soumises par conséquent à
des obligations strictes. Si on les considère autrement, comme
des témoignages d'affection, de simples bagues au doigt,

Concini, maréchal d'Ancre, était un Italien de la plus basse
extraction.

qu'on puisse sans égard, donner à l'homme qui nous plaît, plutôt qu'à celui qui les mérite, la monarchie décline avec d'autant plus de rapidité que l'esprit de son gouvernement penche davantage vers un *despotisme ministériel.*

ACTIONS D'ÉCLAT.

Les géologues s'occupent davantage du *granit*, *du spath calcaire*, qui figurent en grande masse sur la surface du globe terrestre, que des *diamans*, des *rubis* et autres pierres précieuses, rares, disséminées en petites parcelles, et qui, malgré leur éclat, ne jouent presque aucun rôle dans la nature. De même la politique s'attache sérieusement à l'étude de ces grandes masses qui agissent et organisent toutes les parties de son gouvernement; et elle n'accorde qu'une attention passagère aux actions brillantes, dont la récompense est réservée à l'histoire, et dans la célébrité qu'elle donne à celui qui en est le héros.

J'ai trop vécu dans le service en France, pour n'avoir pas eu plusieurs fois l'occasion d'apprécier la valeur de ces ACTIONS D'ÉCLAT, et des juges qui les couronnaient. *Méritent-elles d'être récompensées?* Attendez, pour le savoir, le rapport que vous en fera un tribunal connu d'avance, et composé de magistrats sévères, difficiles, impartiaux et éclairés par les oppositions contradictoires aux prétentions du *demandeur;* qu'à l'instar des procédures en canonisation, on crée *un avocat du diable*, chargé d'office de s'assurer de la vérité des faits, *circonstances et dépendances*, exposés devant sa cour : afin, s'il y a lieu, de pouvoir rejeter avec une désapprobation prononcée les faux récits d'un *vantard* et de ses protecteurs bénévoles.

Les récompenses dont on couronne une ACTION D'ÉCLAT sont les grâces qu'il faudrait accorder avec le plus de lenteur : ce sont au contraire celles qu'on éparpille avec le plus de précipitation ; aussi, comme les charlatans ont beau jeu sous un pareil régime! Croira-t-on que j'ai vu un officier de la marine, commandant une frégate, avancé, décoré, comblé de grâce, et avoir une grande réputation, partout ailleurs que dans son corps, pour avoir soutenu glorieusement un combat qui n'avait jamais existé.

Des traits d'intrépidité, de sang froid dans les dangers les plus imminens, de désintéressement remarquable et de mille autres qualités brillantes ne sont pas des preuves certaines d'un mérite intrinsèque. Le grenadier le plus audacieux ne fait pas toujours un bon sergent. *Tout ce qui brille n'est pas or :* c'est ici le cas de le dire : si le bien et le mal qui ont été les suites d'une ACTION D'ÉCLAT, se mettaient chacun à part dans les bassins d'une balance, il est douteux de prévoir de quel côté elle pencherait. Très-peu de ces coups brillans ont décidé le succès d'une campagne, ou d'une bataille, et quelques-uns les ont fait manquer. La manie portée jusqu'à l'extravagance d'éblouir par une ACTION D'ÉCLAT et de se faire une grande réputation dans moins d'un quart-d'heure, a égaré plusieurs têtes, fait périr des millions d'hommes, et occasionné maintes fois des désordres irréparables.

Les affaires de l'assiète en Piémont, ou du fort Saint-Albans, qu'on voulut et qu'on ne put pas prendre par un assaut brusqué ; ces ACTIONS D'ÉCLAT, follement entreprises dans la guerre de 1740, ont coûté bien cher à la France, et ne lui ont rendu en revanche que de la honte et des cadavres de milliers de soldats tués très-inutilement. On sait quelles combinaisons savantes, quels heureux préparatifs allaient, en 1743, mettre dans les mains du maréchal de Noailles, le roi d'Angleterre, le duc de Cumberland, son fils, et toute leur armée, qu'il avait renfermée et cernée de toutes parts dans les défilés d'*Ettinghen*. Ce grand général vit ses mesures rompues et ses projets déconcertés dans un instant, par l'imprudente impétuosité du duc de Grammont, son gendre et colonel des gardes-françaises. Cet officier voulant s'illustrer par un coup brillant, sort, en dépit des ordres positifs qu'il avait reçus, du poste où on l'avait placé, et attaque seul, à la tête de son régiment, l'ennemi aux abois, et qui allait se rendre. Cette jactance audacieuse lui fit masquer le jeu des batteries françaises. Georges II se voyant à l'abri de leurs coups, par ce corps qui venait de s'interposer entre leur feu et lui, et n'ayant plus qu'un régiment à combattre, le défit aisément, passa par la trouée que les Gardes-Françaises laissaient derrière eux, et remporta une victoire complète sur une armée qui, sans doute, aurait pris la sienne, sans ce malheureux élan d'un brave colonel qui se trouva ambitieux d'obtenir le bâton de maréchal de France par une ACTION D'ÉCLAT.

Les Romains, dans les premiers temps de leur république, nous montrent le dictateur Manlius, condamnant à mort ses propres enfans, pour avoir vaincu dans un combat engagé contre ses ordres. Une bonne discipline militaire a toujours redouté ces bravades d'une fougue irréfléchie. L'ivresse, l'étourderie, et d'autres semblables petits défauts sont souvent les premiers moteurs de ces actions brillantes qui éblouissent la multitude. La sagesse a une marche plus sûre, et ses utiles résultats sont plus solides. Le public et le gouvernement dévoilent leur incapacité, quand ils attachent moins de prix à l'or pur qu'au clinquant.

Dans les corps où par un usage généralement suivi les avancemens se font par ancienneté, en élevant à un grade supérieur un officier pour une ACTION D'ÉCLAT, on punit tous ceux qui sont avant lui. Cette récompense tombât-elle sur un bon sujet, pourquoi sévir sur un corps nombreux d'officiers, parce qu'un de leurs camarades s'est distingué dans telle occasion? *Pour exciter l'émulation des autres.* Un chartreux réclus dans sa cellule pourra vous croire : mais l'expérience prouve, au contraire, que ces écarts de l'art d'accorder les grâces, introduisent des dégoûts, des animosités, des noirceurs et des mauvais procédés de toute espèce, qui affaiblissent plutôt qu'ils n'améliorent le bon esprit des corps. D'ailleurs, l'histoire n'apprend-elle pas que des *honneurs extraordinaires* accordés à quelques grands hommes n'ont que trop souvent servi de précédens à l'intrigue et à la cabale, pour procurer ensuite les mêmes distinctions à quelques-uns de leurs protégés doués d'un mérite plus ou moins reconnus? En récompense de sa brillante campagne dans l'Inde, la cour de France obtint de celle de Malte des dispenses au BAILLI DE SUFFREN, pour être reçu *chevalier des ordres du Roi;* le bailli ***, demanda et obtint bientôt après la même décoration et les mêmes dispenses; pour quel service?...... Je n'en sais rien.

Il ne faut pas trop accoutumer les hommes à voir évaluer leurs belles et leurs bonnes actions, en livres, sous et deniers. C'est avilir leur prix que de les tarifer, substituer des vues pécuniaires au sentiment noble, au dévouement patriotique qui en fait la valeur, c'est en revenir au calcul des officiers hessois qui nous demandaient « pourquoi » nous avions émigré? *Est-ce qu'on ne payait plus vos* » *gages?* »

Outre les sommes qu'il en coûte, on risque les fausses appréciations, les méprises de jugemens, le mécontentement de ceux qu'on dédaigne, et la rancune de ces héros factices toujours prêts à se vanter, et à acquérir une grande réputation à bon marché. Les plaintes continuelles de ces bavards, ne sont pas celles qui produisent le moins d'effets dans un gouvernement faible, corrompu et irréfléchi. Les spéculateurs s'en mêlent, il se forme des compagnies d'accapareurs de ces élans d'humanité, de désintéressement, d'intrépidité, de ces grands sentimens dont le récit en impose au public; mais qui bien calculé devaient leur rendre telle somme, qu'ils partageraient entre eux (1). Les flatteurs ne laisseront pas échapper cette occasion : pour s'attirer les bonnes grâces d'un homme en place, ils débiteront les anecdotes les plus honorables en sa faveur. Ce protecteur enchanté finira par le croire, et se persuader, à son grand étonnement, qu'il a été un être si recommandable, sans s'en douter. Un gazetier, un prôneur bénévole mettra les cent

---

(1) La police de Paris accordait une prime à tous ceux qui apportaient un noyé presque mort, à un hospice qu'elle avait établi près de la rivière. L'appât du gain engageait les bateliers à visiter les filets de St. Cloud, et à être aux aguets des accidens de ce genre qui pouvaient arriver; mais ils n'avaient garde de les prévenir et de retirer de l'eau le malheureux, aussitôt qu'il y tombait. Ils lui donnaient le temps de perdre connaissance et souvent la vie, avant de lui apporter du secours; et par cette précaution intéressée de leur part, ils en ont peut-être laissé périr autant qu'ils en ont sauvé.

bouches de la Renommée en campagne pour publier les hauts-faits de la vertu de ses servantes, afin de leur procurer quelques gratifications, et faire, en même temps, admirer ses belles phrases. Si l'on s'en fiait aux chroniques de ces pays, dont les histoires journalières sont remplies de ces traits si consolans pour un honnête homme, on se croirait transporté dans l'âge d'or, dans une terre de promission, où chacun s'oubliant lui-même, n'est occupé qu'à soulager les autres ; et dont les habitans, au risque de leur vie et de leur fortune , sont toujours prêts à affronter les plus grands dangers, toutes les fois qu'il s'agit de venir au secours d'un de leurs compatriotes en péril ; mais vivez, voyagez chez ce peuple, et cette illusion enchanteresse s'évanouira bientôt.

Que le Français curieux de se rendre compte de la chaîne des événemens qui se sont passés sous ses yeux, se rappelle que ces déluges d'actes de vertus, d'héroïsme, de désintéressement, d'humanité et de mille autres qualités brillantes, n'ont commencé d'inonder le territoire de son pays, qu'aux approches de la révolution. C'est l'époque où ces débordemens sont devenus si à la mode, qu'ils durent encore, sans nous en rendre meilleurs.

L'avidité rend aussi industrieux que l'amour. Ces bateliers s'avisèrent bientôt de former entr'eux une compagnie, dont les membres étaient tour-à-tour obligés de se noyer, au point que transporté à l'hospice, ses camarades pussent toucher la gratification promise, et qu'il partageait avec eux quand il était revenu de son engourdissement. C'était une rente de 20 à 30 francs par jour , qu'ils s'étaient créée sur le grand livre des accidens. L'affaire eût été meilleure si, par surcroît de précaution, ils avaient intéressé le chirurgien du dépôt dans leur spéculation.

Récompenser avec des grâces et des avancemens extraordinaires des ACTIONS D'ÉCLAT, qui n'ont souvent d'autre valeur que celle que l'intrigue et la cabale leur donnent, c'est au détriment des droits et des usages établis, détruire la stabilité dans la hiérarchie des corps; et quand la stabilité s'en va, le gouvernement ne tarde pas à la suivre.

CONSIDÉRATION PUBLIQUE.

Sentiment irrésistible de vénération, d'estime, de respect qu'un corps ou qu'un individu acquiert dans le monde par sa conduite, ses talens, ses vertus, ou par un certain jeu de charlatanisme qui éblouit et intéresse le public en sa faveur.

Un peuple qui connaît et surveille ses véritables intérêts, n'accorde la CONSIDÉRATION PUBLIQUE qu'aux personnes qui ont rempli honorablement les fonctions de l'état qu'elles avaient embrassé.

La CONSIDÉRATION PUBLIQUE est la récompense la plus juste, la plus naturelle et la plus honorable qu'on puisse offrir aux ACTIONS D'ÉCLAT. Elle a donc une valeur bien précieuse à conserver dans sa pureté, puisque seule elle paie dignement les actes utiles ou brillans qui honorent un individu. Cette monnaie est d'autant plus convenable, qu'elle coûte moins, flatte davantage celui qui la reçoit, et qu'elle se subdivise. Les auteurs des *actions d'éclat*, étant sûrs d'être couronnés selon leur mérite par la CONSIDÉRATION PUBLIQUE et universelle de la nation et de la postérité, ou par celle de leur corps, de leur province, de leur ville, de leurs voisins ou de leurs simples connaissances, suivant le degré des périls et difficultés qu'ils ont osé affronter, ou d'après l'étendue des heureux résultats dont ils ont été la cause.

Les hautes classes de la société, ce qu'on appelait en France la *bonne compagnie*, décidaient assez souverainement la CONSIDÉRATION que chacun devait avoir. L'opinion des corps eût prononcé avec plus de connaissance sur le sujet et ses actions, qu'on vantait ou qu'on décriait avec tant d'emphase. Mais on ne les écoutait pas ; les bureaux de distribution et les tarifs des prix de ces différentes CONSIDÉRATIONS furent presqu'exclusivement livrés aux commérages des cotteries : tribunaux ignorans, à principes mobiles comme une girouette, et corruptibles par les dignités, la fortune, le crédit, les affections particulières, et par tous les liens qui réunissent des hommes légers ou peu délicats dans le prononcé de leurs jugemens. En passant par de telles mains, la CONSIDÉRATION PUBLIQUE perdit beaucoup de sa valeur ; elle devint du plus bas aloi ; il fut du bon ton de s'en moquer, et à peine avait-elle encore quelque cours, dans les dernières classes du peuple, quand la révolution commença.

Il ne faut point s'étonner si le public déclara hautement son approbation à *Beaumarchais*, quand il fit dire à son FIGARO que *l'honneur sans argent est une folie*. Une opinion encouragée par les mœurs du temps et accréditée par la conduite et la façon de penser des *roués*, classe nombreuse, composée en grande partie d'individus marquans à la cour et dans la capitale, et qui n'eurent que trop d'influence sur l'esprit de la nation, fut parfaitement exprimée par ce prince, qui, trouvant l'hypocrisie trop au-dessous de son rang, déclara, dans la sincérité de son cœur, *qu'il ne donnerait pas un écu de la* CONSIDÉRATION PUBLIQUE. Il avait raison; elle ne le valait pas, quand il parlait de la sorte. Paris! Paris! que les salons de ta bonne compagnie ont fait de mal à la France!

Quoique insolentes, les assertions semblables à celles que nous venons de citer, n'étaient pas absolument dénuées de fondement. Nos pères ne les eussent pas souffertes. De leur temps, la CONSIDÉRATION PUBLIQUE eût brutalement chassé de son sein de pareils propos, ceux qui les tenaient, et, à plus forte raison, ceux qui, ouvertement, en faisaient leur règle de conduite. Mais nos aïeux, gens grossiers, hommes à préjugés, sont des modèles que leurs enfans rougiraient de suivre, dans un siècle où le perfectionnement de la civilisation est porté à son comble.

Aux premiers signes de l'avilissement dans lequel la CON-SIDÉRATION PUBLIQUE tombe dans ses États, un souverain s'arrête : et, toutes affaires cessantes, il s'occupe sans relâche de remonter à la cause du mal, de connaître les progrès qu'il a faits, les moyens les plus prompts d'y remédier, d'empêcher la contagion de devenir une épidémie générale, la gangrène de s'introduire et de pourrir les cœurs de tous ses sujets. Ces connaissances acquises, son exemple personnel, son autorité, son influence, tous les moyens qui sont à sa disposition, et dans le besoin il en crée de nouveaux, pour extirper la force de ce virus pestilentiel, rehausser les actions de la CONSIDÉRATION PUBLIQUE, et lui donner cette valeur fictive et puissante qui la place au-dessus de celles de l'or, de l'argent et de toutes les monnaies du monde. En France, c'était encore facile en 1788 : il ne fallait que le SAVOIR et le VOULOIR.

Il n'y a point de censure, de *conservateur*, en un mot de *tribunal* plus puissant que la CONSIDÉRATION PUBLIQUE bien répartie. Cette vérité n'est pas nouvelle. Les novateurs, les ministres pervers, ceux qui comptent plus sur leur mérite que sur les usages reçus, ou ceux qui préfèrent leur intérêt privé du moment au soutien du gouvernement établi, le savent bien. Ils ne manquent jamais, avant de rien commencer, d'infirmer et d'affaiblir dans l'esprit du public la CONSIDÉRATION de certains corps, qu'ils prévoient pouvoir gêner le cours de leurs opérations illicites par leur fermeté, leur sagesse, leur prépondérance dans l'État, et l'incorruptibilité reconnue des membres qui les composent.

Sous les règnes de Louis XV et de Louis XVI, les factieux, les philosophes, soutenus et encouragés par une cour légère, puissante et inconsidérée, suivaient habilement la marche que nous venons de décrire ; ils s'appliquèrent sans relâche à diminuer la CONSIDÉRATION PUBLIQUE des parlemens, en calomniant leurs arrêts, et en dégoûtant les premières familles du royaume d'entrer dans la magistrature, afin qu'étant ainsi dégradés petit à petit aux yeux du peuple, il prît moins d'intérêt à leur existence, et qu'il fût plus facile de se débarrasser de ces censeurs importuns, trop impartiaux et trop indépendans pour des courtisans qui voulaient abuser de tout.

L'archevêque de Toulouse, depuis *cardinal de Loménie*, chef de la commission chargée de la surveillance des ordres religieux en France, suivit le même système politique pour détruire et spolier les corps et les établissemens qu'on avait confiés à ses soins et placés sous sa sauve-garde. Il commença par jeter des couleurs diffamatoires sur les moines, et affaiblir leur CONSIDÉRATION chez le peuple, en entravant leur noviciat, relâchant leur discipline intérieure , fomentant des divisions intestines dans les monastères, soutenant les prétentions des mauvais sujets contre leurs supérieurs, protégeant les détracteurs de ces corps respectables', ces écrivains gagés ou bénévoles qui, selon la mode du temps, se plaisaient à couvrir de ridicules les institutions monastiques (1), pour acquérir les bonnes grâces de MONSEIGNEUR , la réputation d'hommes d'esprit et de philosophes à grandes vues. C'est ainsi que son ÉMINENCE travailla avec succès , pendant plus de trente ans, à dépeupler les couvens et à dégrader la CONSIDÉRATION PUBLIQUE du clergé régulier, afin d'amener la tourbe à mépriser les religieux, et à ne pas s'apercevoir des vides immenses que leur extinction laisserait sur le territoire français, et à ne prendre aucun intérêt à leur sort. Il ne réussit que trop dans ses coupables desseins. Il faut le dire dans l'amertume de son cœur, il ne fut aussi que, trop aidé par ses confrères , par ce qu'on appelait alors le *haut clergé. Pauvres politiques!* ils ne prévoyaient pas qu'en s'emparant des biens de toutes les abbayes, dont ils convoitaient la possession totale, ils resteraient seuls, et n'en seraient que plus enviés et plus faciles à renverser par leur isolement.

Le systême de remplacer des hommes estimables par des mauvais sujets, afin d'enlever la CONSIDÉRATION PUBLIQUE aux corps constitutionnels qui en jouissent avec raison, est une tactique connue et employée par tous les novateurs qui ont préparé des révolutions dans leur pays. Les peuples se lassent vîte de respecter des prêtres, des magistrats, des admi-

---

(1) Voyez l'apologie des ordres monastiques. *Tydologie*, tom. II, chap. IV , pag. 568 et suivantes.

nistrateurs *déconsidérés* par leur inconduite. Les esprits irré-
fléchis s'en prennent aux institutions et non aux caractères
des hommes dont on les a composées. Du mépris général
qui les enveloppe, il en sort une opinion universelle qui
demande la destruction de ces corps, et réclame avec force
qu'on en mette d'autres à leur place. *Le triomphe des novateurs est alors complet.*

Un souverain sage et prévoyant ne se décide pas si vîte.
Il ne lui suffit pas qu'un corps soit devenu méprisable pour
l'anuller. Il examine auparavant le parti qu'on pourrait en
tirer dans le cas qu'on parvînt à le rendre meilleur. Il s'instruit, il s'occupe avec persévérance des remèdes, du régime
qui assureront le succès de sa cure, en extirpant les parties
gangrenées, vivifiant celles qui en sont encore susceptibles,
fortifiant les principes conservateurs d'un bon esprit, ren-
dant sains et bien portans les membres qu'il n'a trouvés qu'à
demi pourris. Cette conduite déconcerte les novateurs, et
alors *le gouvernement triomphe.*

Necker ne dut sa puissance ministérielle qu'à la force de
la CONSIDÉRATION PUBLIQUE qu'il avait su accaparer. Il les
perdit toutes les deux en s'associant avec des projets et des
hommes *déconsidérés* par la masse instruite et bien pensante
de la nation.

USAGE DU MONDE

Sᴏʀᴛᴇ de papillotage plein de grâce, de réserve et de futilité qu'on acquérait par une connaissance approfondie des riens et des petites pratiques qu'on devait suivre avec une scrupuleuse attention pour être bien vu, avant la révolution, dans les grandes sociétés de la cour et de la ville, dans ce qu'on appelait alors la bonne compagnie

C'était ce manque d'ᴜsᴀɢᴇ ᴅᴜ ᴍᴏɴᴅᴇ qui rendait les provinciaux si ridicules aux yeux des Parisiens; et de là cette assertion politique, *qu'en France, quelqu'un qu'on couvrait d'un ridicule était un homme perdu sans retour;* ce qui est assez vrai sous le règne de la frivolité, mais pas autrement (1).

« Lorsqu'il y avait dans la capitale un foyer commun de
» frivolité, d'amusement et de corruption; un lieu de ral-
» liement pour les oisifs, les libertins, les sots, et les intri-
» gans de toutes les espèces; un point central où les deux
» sexes se donnaient des rendez-vous, pour s'examiner, se
» juger, se tromper et s'ennuyer; en un mot, lorsqu'il y
» avait un noyau de société choisie qu'on appelait, par excel-
» lence, ʟᴇ ᴍᴏɴᴅᴇ ou la *bonne compagnie;* une sorte de tri-
» bunal où l'on décidait en dernier réssort, des habits, des

---

(1) Voyez dans le *Lexicon politique* le mot *ridicule; Correspondant royaliste,* n° IV.

» manières et des *opinions à la mode*, dont les arrêts fixaient
» le bon ton (1)» et souvent le choix et les actions de nos
ministres : un grand USAGE DU MONDE pouvait mener à tout.
Combien de gens n'ont pas eu d'autres titres pour s'être
élevés aux places importantes qu'ils occupaient avant la révolution !

La grande influence de la science de l'USAGE DU MONDE,
quelquefois si puissante sous le gouvernement d'un despote ou
d'un monarque presque absolu d'une nation civilisée, devient
nulle dans la démocratie ou sous un gouvernement représentatif.

Madame l'Épinai nous a donné un portrait d'une ressemblance parfaite d'un de ces *merveilleux* : c'est ainsi qu'on les
appelait quelques années avant 1789 (2).

« J'aimais la société de *Margency*, lorsque je le voyais
» de temps en temps à Paris ; mais du matin au soir, et tête
» à tête, il est insupportable à tout être qui aime qu'on rai-
» sonne un peu.

» Ce compagnon est d'une paresse qui engourdit à voir ;
» il n'a jamais un quart d'heure de suite la même volonté.
» Veut-on causer, on ne trouve pas une idée dans cette tête ;
» ou dans d'autres momens, on en découvre une foule de
» si petites, de si petites, qu'elles se perdent en l'air avant
» d'arriver à votre oreille. Il tient comme un diable à l'o-
» pinion du moment, et l'on est étonné de la lui voir aban-

(1) Feuilleton de Geoffroi, article *Boissy.*
(2) *Mémoires* de madame l'Épinay, tom. 2, pag 9.

» donner, le quart d'heure d'après, sans qu'on l'en prie. Il
» commence trente choses à la fois, et n'en finit aucune. Il
» est toujours enchanté de ce qu'il a vu faire, et ennuyé
» de ce qu'il fait. Le morceau le plus sublime ne lui ins-
» pire que du dédain, s'il y trouve, par malheur, une expres-
» sion qui blesse son oreille. Je suis sûre qu'il ne pardonne-
» rait pas à la plus belle femme d'être coiffée de travers.
» Aussi a-t-il en aversion *tout ce qui sent la province*. Il ne
» manque ni de pénétration ni de finesse, mais je ne l'ai ja-
» mais vu saisir une chose, fortement pensée ni écouter un
» raisonnement suivi. »

Ouf! c'est donc là cette classe d'élus qui obtenaient si
facilement les grâces de l'État, et qui ont eu une si grande
influence sur l'opinion publique, et sur les actes du gouvernement d'alors.

On s'en souviendra

Larira.

P. S. Cette bonne compagnie s'est vue dépouillée de son
manteau par la révolution; mais son esprit et ses préjugés
ont encore, pendant long-temps, dirigé les paroles et la conduite politique des *ultrà :* c'est la cause de ce que la plus
part des discours et des résultats définitifs des démarches
de ce parti ont été si faibles et si puérils jusqu'en 1821;
où un petit nombre de députés *royalistes* osèrent enfin se-
couer le joug de cette circonspection criminelle, pour se
livrer entièrement aux inspirations franches et courageuses
d'un bon citoyen qui ne craint que la honte et la décrépi-
tude de son gouvernement.

FAVEUR D'HÉRITAGE.

Que les membres d'une famille s'unissent, se soutiennent, se protègent, pour se procurer mutuellement des places, des honneurs, de la considération dans l'État, rien de plus simple, de plus juste et de mieux calculé de leur part. La politique applaudit à leur accord. Les concurrens qui sollicitent les mêmes grâces qu'eux, ont seuls le droit de se plaindre des avantages que cette association donne à leurs rivaux.

Si, dans leur ensemble, chacun d'eux se comporte honorablement dans les fonctions qui lui sont confiées, une bonne monarchie, au lieu de s'en offusquer, penchera en leur faveur. Les titres d'un père, d'un oncle, d'un parent de même nom, auront un grand prix à ses yeux, quand il s'agira de placer un rejeton de leur famille. Ce sont autant de petits *groupes aristocratiques*, qui se forment dans la nation, qui soutiennent et corroborent l'esprit de son gouvernement. C'était surtout dans les États comme la France, l'Espagne, la Russie, et autres à peu près semblables, où il était si nécessaire de donner une grande considération à la noblesse, que cette espèce d'hérédité était nécessaire. L'éclat glorieux, les illustrations que quelques-uns de leurs membres avaient obtenus, rejaillissaient sur sa famille, donnaient de la considération au gentilhomme le plus obscur qui portait le même nom, et celle de son ordre en général s'étendait et se consolidait en proportion.

Mais tout a ses limites. Ces préférences ne sont convenables que dans les corps où il y a une hiérarchie établie; où le fils du premier chef est obligé, comme un autre, de commencer par les bas grades, et de parvenir à son tour. Il est ridicule qu'une intendance, que la direction d'un observatoire, qu'une chaire de botanique, se transmette, par exemple, en survivance du père aux enfans. Ces places exigent un degré d'expérience, de considération personnelle, de talens et d'instruction qui ne se lèguent point par héritage (a).

On doit aussi redouter que ces faveurs de famille ne passent pas certaines bornes, qu'elles ne permettent point à quelques-unes d'entre elles de prendre, comme les *Guises* sous les VALOIS, un accroissement de force qui en impose à leur souverain et à ses cours de justice. Un bon gouvernement ne souffre pas qu'il se forme dans son sein de ces maisons fières de leur puissance, qui, au lieu de demander humblement une grâce, l'exigent avec hauteur, et menacent, en cas qu'on la leur refuse. Ces inconvéniens ne se font point sentir, quand ces ligues de familles sont nombreuses et réparties en petits groupes sur la surface d'un vaste territoire.

---

(1) On me fit entrer, à douze ans, dans le régiment des gardes françaises, dont le Roi (LOUIS XV) me promit la *survivance*; et je sus qu'à cet âge j'étais destiné à une fortune immense, et à la *plus belle place du royaume*, sans être obligé de me donner la peine d'être un bon sujet.

Mémoires du duc de Lauzun. Paris, 1821, pag. 5.

Les fonctionnaires respectables, avons-nous dit, devraient avoir des préférences dans leurs corps respectifs, pour y placer leurs parens et leurs alliés, mais seulement pour les y faire entrer. Une fois admis, il faut s'en remettre au mérite intrinsèque de ces adolescens imberbes, à leur instruction et à leur bonne conduite future, pour leur avancement ultérieur. C'est une faute que de donner à ces *enfans du corps* des prérogatives qui les mettent au-dessus de leurs camarades. On entrait dans la marine par promotions nombreuses, et le sort décidait du rang respectif d'ancienneté qu'auraient entre eux, jusqu'à la sortie du corps, les jeunes gens reçus le même jour au sortir du collége. Mais de droit, *les enfans du corps* avaient les premières places. Il y avait eu plus de sagesse dans la législation du génie militaire. Les rangs des nouveaux venus n'étaient définitivement fixés qu'après un noviciat de deux ans. On avait présumé que, dans cet intervalle, on aurait plus de moyens d'examiner et connaître le mérite de chacun.

Par la partialité déplacée et admise dans la marine, le fils d'un matelot ou d'un charpentier parvenu, avait de droit le pas sur celui d'un chancelier, ou d'un maréchal de France, et l'officier le plus distingué pouvait être commandé et arrêté, pendant toute sa carrière militaire, par l'homme le plus incapable. Un vice en entraîne un autre, et en vertu de cette ordonnance, la cour et les derniers commis de ses bureaux s'arrogèrent bientôt le droit de régler les degrés de parenté à leur fantaisie, et de faire *enfans du corps* qui leur plaisait.

Ces FAVEURS D'HÉRITAGE s'étendaient bien plus loin, en France : il suffisait que quelqu'un eût laissé une mémoire chère dans un cercle de la cour pour en jouir. Qu'elle fût bien ou mal fondée, on ne s'en croyait pas moins obligé de ne rien refuser à son nom, à ses enfans, à ses alliés, à ses collatéraux, et même à ses anciens serviteurs. C'était pourtant bien assez que ces heureux personnages eussent, pendant leur vie, été accablés des grâces du Roi, sans encore embarrasser l'État du soin de récompenser magnifiquement toute leur postérité.

On ne se donnait pas la peine d'examiner si, dans le nombre, il n'y avait pas de leurs camarades qui valussent mieux qu'eux, et si ces héritiers du crédit de leur père méritaient ou déméritaient les grâces qu'ils sollicitaient. Si un même nom patronimique eût été, en France, aussi multiplié qu'il est en Écosse, en Portugal et en Italie, les *Gordon*, les *Souza* et les *Grimaldi* auraient absorbé la plus grande partie des places du royaume, et ils en eussent, de fait, exclu toutes les autres familles.

Outre ces hommes dont la mémoire était si puissante, qu'un ministre n'osait rien refuser à leur nom, à leurs parens ou aux amis qu'ils avaient laissés, il se formait journellement de nouvelles cotteries usurpatrices passagères de la faveur, et qui se supplantaient mutuellement; mais pendant la durée du pouvoir qu'elles exerçaient sur le choix et les décisions du distributeur des grâces, elles et leurs affiliés n'en jouissaient pas moins, *sans discrétion*, de toutes les prérogatives des familles dont nous venons de parler. Une novice, sans voix au chapitre de la cotterie régnante, devenait tout d'un coup maîtresse et directrice d'une autre qui s'élevait la semaine d'ensuite. Le crédit changeait de main : du *Marais* il passait au *faubourg Saint-Germain*, et peu de jours après, on le voyait siéger à la *Chaussée-d'Antin*.

Ces nouveaux ministres et leurs conciliabules avaient d'autres affections et d'autres ressouvenirs, que leurs prédécesseurs, à récompenser avec les grâces du roi. Des noms de *parvenus*, qu'on connaissait ou qu'on ne connaissait pas, sortaient de l'obscurité, paraissaient pour la première fois sur la scène du monde et y jouaient un rôle brillant, jusqu'à ce qu'un changement de décoration força le directeur du théâtre et sa troupe à se retirer et à faire place à d'autres comédiens. Mais les fils, petits-fils, arrières-petits-fils ou filles de ces principaux acteurs tragiques ou comiques restaient, avec un nom et des titres, souvent sans valeur, et auxquels pourtant, on était convenu devoir accorder des préférences marquées et hors de toutes contestations.

La liste de ces êtres privilégiés envers lesquels l'État se croyait si redevable, parce qu'un de leurs pères avait été comblé d'honneur et de richesse par le gouvernement, s'allongeait tous les jours, et ne diminuait presque jamais. Ces races par excellence, tant anciennes que modernes, avaient trouvé le moyen de se rendre immortelles sur le sol de la France ; et si par hasard une de ces familles venait à s'éteindre, elle renaissait bientôt de ses cendres, comme le *phénix*, et présentait aux yeux du public ébahi, une foule de rejetons, qu'on ne pouvait se dispenser d'avancer et d'enrichir, à cause d'un nom qui, jadis, avait fait quelque bruit dans le monde, ou obtenu quelque succès dans certaines sociétés.

Ce crédit obligé a eu une telle force, de mon temps, qu'en plusieurs occasions, j'ai vu abandonner à des *êtres de cette espèce*, la partie la plus essentielle de la prérogative royale : celle de nommer à des places importantes par les fonctions qu'elles ont à remplir ; et annoncer publiquement et presque dans les *Petites-Affiches*, qu'il y avait une PAIRIE, un *ré-*

giment, une *intendance* ou autre emploi pareil à donner à quiconque épouserait *la fille d'un tel*, sans s'embarrasser aucunement si le caractère et les qualités de ce gendre, à l'aventure, conviendraient à la gestion et au commandement qu'on s'engageait d'avance à confier à cet homme, sans le connaître et quel qu'il fût. C'est ainsi que les hautes places s'encombraient de freluquets à grandes prétentions, et que le dégoût s'emparait des gens de mérite qui diminuait par les mêmes raisons.

Ces précieux personnages, si *chers* à l'État, et auxquels il prodiguait ses grâces et ses trésors, ne formaient point entre eux de *sociétés politiques*. Les hommes et les femmes de ces sortes d'associations, extraites de la bonne compagnie, étaient, en général, trop fats, trop égoïstes et trop légers pour concevoir une idée aussi juste et qui eût été si avantageuse à leurs intérêts. Les individus frivoles, par essence et par habitude, qui les composaient, réunis par des liaisons tantôt décentes et tantôt scandaleuses, ne songeaient qu'à éblouir la multitude, par l'éclat de leur crédit, de leur place et des colifichets de cour dont ils étaient couverts; qu'à soutirer des caisses publiques les sommes nécessaires pour payer leurs dettes, subvenir à leur luxe, à leur fantaisie et à un état de dépenses toujours croissantes; et ils ne laissaient échapper aucune occasion de faire sentir leur supériorité, par leur impertinence et leur dédain affecté pour les lois, les règles et les usages reçus dans les corps qu'ils commandaient. *Je ne connais d'ordonnances que celles que j'ai faites,* a été, dans ce temps-là, une sentence bien souvent prononcée par plusieurs colonels et officiers généraux de l'armée française; et, selon les apparences, par beaucoup d'autres chefs de différentes parties administratives de ce vaste royaume. Au lieu de profiter d'une position si avantageuse pour acquérir une bonne réputation et l'estime générale, la plupart de ces gens à grand crédit, par le hasard de quelques *anté-cédens* heureux, bien et duement favorisés au-delà de leur mérite, n'employaient, au contraire, leurs moyens et leur autorité qu'à humilier, vexer leurs subalternes, et à se faire moquer d'eux par tous ceux qui ne l'étaient pas.

Il est fâcheux que ces sortes d'intrigans et d'intrigantes, que les caractères et les mœurs du temps ne permettaient pas d'éviter, ne formassent pas de petits pelotons, jaloux de conserver intacte la suprématie plus ou moins grande qu'ils avaient acquise dans le monde, et l'honneur de leur corps respectif, par une attention soutenue à mériter l'estime et la reconnaissance du public éclairé, qui n'aurait pas pu la refuser à la bonté de leur conduite et des gestions dont ils étaient chargés.

Si, au lieu de ces essaims d'incapables pleins de suffisance et de nullité, on eût répandu dans les différens corps et les diverses provinces de la France, des noyaux plus ou moins nombreux de *gentilshommes*, de *bons bourgeois*, d'*honnêtes gens* de tous les États, dont les membres se fussent honorés, avec raison, d'avoir toujours, comme leurs parens, par une succession presque héréditaire, servi dans le même régiment, dans la même cour de justice ou dans la même corporation de fonctionnaires publics, dont un gouvernement ne peut pas se passer, et qui lui est si utile de bien composer alors toutes ces petites réunions eussent *gravité* vers un centre unique, sur lequel elles eussent sans cesse réglé leur mouvement et leurs prétentions.

Avec l'esprit de famille identifié avec l'esprit de corps une façon de penser universellement avouée eût régné chez le plus grand nombre des employés de l'État. Ces doubles liens du sang et de confraternité empêchaient ces individus de devenir égoïstes, ou de l'être avec trop d'impudence. La gloire et les intérêts de l'ensemble, de leur patrimoine commun, auraient eu un grand empire sur eux et auraient prévalu sur les avantages particuliers que les intrigans de leur bande pouvaient espérer, en protégeant l'entrée à des innovations défavorables à la routine de leur corps et au bien du service en général. Il y aurait donc eu plus de stabilité, plus d'accord et plus d'unité de principe dans les différentes branches du gouvernement. Ce sistême de nomination aux premiers grades tant civils que militaires, adopté et suivi par un ministère, sans exiger pourtant une ponctualité bien rigoureuse de sa part, relevait cette *considération de confrérie* que *Necker* a traitée avec tant de dédain. Elle n'en est pas moins si précieuse, qu'un État ne marche qu'à pas chancelans, si la plus grande partie des chefs et des subalternes de ses administrations ne sont pas jaloux de l'acquérir et de la mériter; c'est elle qui, par la force des choses, forme naturellement des pelotons de bons citoyens et de bons camarades, animés de la noble ambition de soutenir l'honneur de leur corps respectif et les institutions de leur pays, qui, par une longue habitude, consolident le trône dont ils tiennent leur place et l'assurance presque positive d'en donner d'équivalentes à leurs enfans, s'ils se comportent bien.

Ce régime paternel, ce cercle assez peu nombreux d'officiers de tous grades répartis dans chaque service; ces petits groupes de parens et d'amis, qui, pour ainsi dire, se connaissaient, s'aimaient, s'estimaient et travaillaient de concert depuis plusieurs générations, et d'une manière approuvée du public, dans une des branches de l'administration de l'État, présenteraient, disséminés sur tous les points d'un royaume, des parcelles d'une *aristocratie héréditaire*, sans laquelle la stabilité d'un gouvernement monarchique ne peut pas subsister.

Mais les gouvernans de mon pays n'étaient pas faciles à satisfaire : ils prétendaient avoir des membres épars, sans corps qui les réunit. On voulait des nobles, mais point de noblesse. A mesure qu'on diminuait, qu'on appauvrissait la considération politique du second ordre de l'État, on enrichissait son nobiliaire des grandes familles qu'on croyait éteintes depuis long-temps. On les faisait ressusciter de leurs cendres, ou de quelque écume voisine. C'était égal ; une lacune de deux ou trois générations dans les preuves ne faisait rien à l'affaire. Elle se remplissait aisément des noms à-peu-près semblables à ceux dont on avait besoin, et qu'on trouvait figurer dans les mémoires des temps antérieurs. Il ne fallait pas risquer, pour de pareilles vétilles, de perdre des races si recommandables. Il y avait à cet égard un zèle et une activité inconcevables, dans les sociétés françaises : c'était à qui déterrerait un de ces lambeaux de notre ancienne chevalerie.

Dieu bénit des efforts si patriotiques ! et dans les vingt ans qui précédèrent la révolution, on eut le bonheur de retrouver trois princes du sang français (a) et je ne sais

---

(1) La branche des *Saint-Remy de Valois*, dont est issue madame *Delamotte*, et celle des *Bourbon Saint-Angel*, dont M. *d'Oppède* déterra les deux derniers rejetons dans une fayencerie de Provence. Ces deux frères, PRINCES DU SANG, furent faits officiers de la marine, avec mille écus de pension à chacun. Tous les deux eurent la discrétion de se faire tuer dans la guerre d'Amérique,

combien d'illustres rejetons des maisons impériales de Constantinople, de Trébizonde et d'autres lieux ; des prétentions plus modestes se contentèrent de descendre directement des ducs de Normandie, des ducs de Bretagne, des comtes de Flandre, d'Armagnac, de Ponthieu, de Provence, etc. ; des rois ou des familles régnantes, je ne sais quand, en Irlande, en Allemagne, en Italie, partout où il y en avait eu, on fut même en chercher jusqu'aux terres Australes (1).

Quant aux marquis, aux comtes, aux barons dont les ancêtres avaient été titrés par Pharamond, Clovis, Charlemagne, Hugues-Capet ou Saint-Louis, la foule en était innombrable : il en tombait comme grèle.

En Turquie, en Angleterre (2), en Amérique, chez les peuples qui ne reconnaissent pas la noblesse, corps politique et constituant dans l'État, les fraudes de ce genre, qu'on se permet, pour persuader qu'on descend d'une maison illustre, sont regardées comme des enfantillages de la

---

(1) Binot Paulmier, aborda le premier aux terres australes, en 1503 ; il amena avec lui Essomérick, fils d'Astroca, roi du pays dont il venait. Des circonstances particulières l'ayant empêché d'y faire un second voyage : il fit baptiser ce prince, et lui légua tout son bien par son testament. Essomérick mourut en 1583, en laissant postérité. La famille d'*Astroca* s'est ensuite éteinte dans la personne d'une fille unique qui épousa Jacques de Forbin, seigneur de la Barben, en..... (Voyez l'*Histoire des voyages aux terres australes*, par le président Desbrosses, Paris 1756, tom. Ier, livre II. *Voyages* de Carcal, Paris 1722, pag. 390.)

(2) Les Anglais ont un *patriciat héréditaire*; mais ils ne reconnaissent point de noblesse comme corps politique de l'État.

vanité humaine. Il en était autrement en France. La noblesse formait à elle seule, une partie du souverain aux états-généraux, et dans les états particuliers de quelques provinces. On devenait un *usurpateur* d'une portion du pouvoir législatif et de l'administration, en s'introduisant dans ce corps, sans titres légaux et avec des pièces controuvées par un faussaire. Ces coupables méritaient donc la peine de mort, à laquelle les Athéniens avaient condamné les étrangers qui se mêlaient furtivement dans les assemblées du peuple (1).

D'ailleurs, par un accord tacite, mais général, toutes les classes de la société étaient convenues, en France, de témoigner des sentimens de respect, de vénération et de préférence marquée pour un gentilhomme, dont la conduite était intacte. La noblesse jouissait en outre d'une prééminence, des priviléges et des prérogatives qu'on avait furieusement éludés et affaiblis, mais que les habitudes nationales reconnaissaient encore. Ces distinctions, la considération qu'elle entraînait avec elle, le droit d'être admis co-partageant dans les propriétés des ordres, des chapitres, des fondations où il fallait faire des preuves avant d'être reçu et associé à leur bénéfice, et mille autres petits avantages, exigeaient des règles, des registres authentiques, pour constater l'état d'un chacun, et que la noblesse ne fût pas la proie du premier venu qui se déclarait gentilhomme par la grâce de son impudence, et d'un généalogiste gagé. Ce vide dans la législation d'une monarchie constituée comme se trouvait la France, est un désordre : et de *désordre en désordre*, si un

____

(1) Les faux électeurs ne seraient-ils pas dans le même cas, dans un gouvernement représentatif ?

gouvernement n'y prend garde, il survient un *désordre gé-néral* qui le bouleverse et qui l'emporte.

Ces inconvéniens étaient majeurs, mais furent-il rachetés par la somme de ces effets précieux retirés de l'obscurité, où, depuis des siècles, ils restaient enfouis? Je ne connais point l'histoire de chacun d'eux; et, de 1768 en 1788, je ne vois parmi ces déterrés que *madame Lamothe*, née Valois, qui se soit distinguée par quelque acte mémorable.

Mais je me souviens très-bien qu'il fallut, à cette époque, surcharger le trésor royal d'une pension alimentaire pour chaque prince du sang retrouvé, et que leurs prétentions aux avancemens égalaient la beauté de leur nouveau titre. Le timonier Valois, frère de *madame Lamothe*, fut fait enseigne de vaisseau, au préjudice du plus ancien garde de la marine, à qui cette place revenait de droit; et on a vu, peut-être sans surprise, à cause des mœurs du temps, une grosse généalogie très-savante, bien et dûment imprimée, vérifiée par qui de droit, et enregistrée à la chambre des comptes de Paris, qui finissait par ces paroles remarquables : *Comment le descendant direct de tant d'empereurs, n'est-il qu'un simple capitaine de cavalerie?* (1)

---

(1) M. d'Adhémar reconnut facilement que le moyen le plus sûr et le plus prompt d'entrer dans le chemin de la fortune, était, en France d'*avoir un beau nom*. Il était si persuadé d'avance du pouvoir d'une résolution bien prise, que, n'étant encore que comte de *Montfalcon* et petit major de la citadelle de Nîmes, il dit un jour à un des grands vicaires de l'évêque d'Angoulême : « Je me ferai reconnaître Adhémar, j'aurai un régimeut, un grand crédit, une grande fortune, etc.; et tout cela est arrivé comme il l'avait dit.

Mémoire de Besenval, tom. II, Paris, an XIII, pag. 337.

Cette jactance d'un *ex-greffier d'Ajacio*, fait rire, quand elle est sans conséquence ; mais elle fait frémir le bon citoyen prévoyant, s'il s'aperçoit qu'on y a eu égard, et que les ministres sont honteux de laisser croupir, dans les bas grades, un être si intéressant par son illustre origine. Quel bon pays pour les charlatans ! quelles protections, quelles heureuses facilités n'y trouvaient-ils pas, ces *faux Démétrius* de tous les pays, qui étaient assez généreux pour abandonner au prince régnant leur prétention au trône, et se contenter modestement des pensions, des décorations et des avancemens qui les mettaient de pair avec les premières familles du royaume : mais encore bien au-dessous des honneurs dus à leur haute naissance, vraie ou supposée!

On avait en France des idées si vagues et si confuses en politique, que le public approuvait plutôt qu'il ne blâmait ces grâces accordées inconsidérément à l'hérédité du nom. Parce que le *P. Massillon* avait très-bien prêché sous Louis XIV, on trouva tout simple, sous Louis XVI, qu'un des arrière - petits - neveux de cet oratorien fût mis au-dessus des lois, et qu'on lui donnât des dispenses pour exercer en même temps, à Hière en Provence, un office de notaire et de procureur, contre les réglemens du royaume qui le défendaient expressément. Quel vacarme de sollicitations n'y a-t-il pas eu pour mademoiselle Corneille ? Ses protecteurs et ses avocats ne persuadèrent-ils pas à la multitude, que l'honneur et les destinées de la France dépendaient du sort qu'on ferait a cette petite fille d'un poète tragique ? M. D'Armenonville, intendant de Soissons, en 1722, n'a-t-il pas été comblé d'éloges par ses contemporains et la postérité, pour avoir écrit à son subdélégué de Château-Thierry, qu'il ordonnait que dorénavant la famille de *Jean La Fontaine* fût exempte de toutes taxes et de toutes impositions dans sa généralité (1)? Les auteurs qui rapportent ce fait, ajoutent que les successeurs de cet intendant se sont honorés de suivre un si noble exemple.

Mais lui et ses successeurs en avaient-ils le droit? un administrateur, de son autorité privée, peut-il soulager une famille au dépend des autres contribuables qui sont sous sa dépendance? car, aucun document ne nous instruit que le rôle général des impositions levées dans l'arrondissement de Château-Thierry ait été dégrévé du montant des taxes qu'auraient dû payer les héritiers de *La Fontaine*. Si, au lieu d'un, ce canton favorisé de la nature, eût donné naissance à dix, vingt ou trente écrivains aussi justement célèbres que ce grand fabuliste, les propriétaires de cette partie de la généralité de Soissons, dont la généalogie n'eût point présenté de poètes ou d'auteurs du goût de M. l'Intendant, eussent donc été écrasés par le surcroît des redevances publiques que leur aurait procuré la gloire d'avoir produit d'aussi illustres compatriotes. Une école de littérature eût été un vrai fléau dans le pays : les habitans auraient tremblé à la vue des progrès que les élèves y auraient faits, et un comité de contribution militaire ne les eût pas autant alarmés. On ne peut pas, en conscience, traiter sérieusement une pareille question, parce que les raisonnemens qu'elle entraînerait ne justifièraient pas ces administrateurs; ils obligeraient, au contraire, de les poursuivre en concussion et en abus d'autorité.

---

(1) Voyez la *Vie de La Fontaine*, placée à toutes les éditions de ses fables et de ses œuvres en général.

Cette conclusion serait juste, si l'on n'avait pas égard aux mœurs et à l'esprit du temps, tous les deux très-portés d'applaudir aux faveurs d'héritage..

Les philosophes avaient imaginé ce dernier système d'illustration héréditaire, et ils en étaient les protecteurs zélés : ils avaient, à l'instar des têtes couronnées, commencé à distinguer par des nombres ordinaux, les savans *de même nom*, et recommendables parmi les gens instruits. Jussieu Ier fut le fameux *Bernard Jussieu*, si connu dans l'histoire de la botanique, et je crois que Cassini IV régnait à l'Observatoire royal de Paris, à l'époque de la révolution. C'est avec de semblables essais, qu'on laissait toujours réussir, que nos écrivains tâchaient de lever une nouvelle *aristocratie* littéraire et académique, qui affaiblît l'ancienne, en attendant qu'elle pût écraser son aînée. Celle-ci se prêta, de la meilleure grâce du monde, à favoriser, de tout son pouvoir, l'exécution du projet qu'on avait de l'anéantir. C'est une justice qu'on ne peut pas lui refuser, mais dont, pourtant, on ne lui a pas tenu compte au grand jour de sa destruction.

FAVEUR DE HASARD.

Dans un gouvernement en désordre, tout, pour ainsi dire, va au HASARD; et dans le nombre, il s'en trouve quelquefois d'heureux pour la justice et une bonne administration.

La Harpe raconte (1) que « BLONDIN, coureur de MON-
». SEIGNEUR LE COMTE D'ARTOIS, voyait dans son auberge
» de Versailles, où il vivait à table d'hôte, un officier de la
» marine, décoré de la croix de Saint-Louis, qui mangeait
» une chétive portion, sur une table à part. Il demanda à
» l'aubergiste pourquoi cet homme ne mangeait pas avec
» les autres; on lui répondit que cet officier n'avait pas de
» quoi payer davantage. BLONDIN, touché de voir un mili-
» taire de ce rang ne pouvoir pas dîner aussi bien qu'un
» domestique, dit à l'aubergiste d'augmenter la portion de
» cet homme, sans lui en rien dire, et qu'il paierait le sur-
» plus. L'officier s'en aperçut bientôt, et voulut savoir la
» vérité. L'aubergiste la lui dit, en le priant de ne pas le
» brouiller avec BLONDIN, dont il voulait conserver la pra-
» tique. L'officier va trouver ce *coureur*, le remercie de sa
» libéralité; mais ne trouvant pas qu'il pût convenablement
» être obligé par son inférieur, il le force d'accepter une

_____

(1) *Corespondance littéraire.* , lettre 66.

» tabatière de quelque prix, comme un gage de sa recon-
» naissance. BLONDIN le presse modestement de s'expliquer
» ouvertement sur les affaires qui le retiennent à Ver-
» sailles, lui offre de lui faire présenter ses placets par
» MONSEIGNEUR LE COMTE D'ARTOIS, et le détermine enfin à
» lui en remettre un. Il court aussitôt chez le ministre de
» la marine, se fait annoncer de la part du prince; intro-
» duit sur-le-champ, à la faveur de ce nom, il conte tout
» ce qui lui est arrivé, et ajoute, en donnant le placet :
» MONSEIGNEUR, *je n'ai pas voulu le remettre au prince,*
» *mon maître, qui sûrement vous l'aurait recommandé; j'ai*
» *cru faire mieux de vous laisser tout le mérite d'une*
» *bonne action.* Cette tournure, plus ingénieuse et délicate
» qu'on ne l'attendait d'un domestique, était faite pour
» réussir. Le ministre accorda une pension de 800 francs,
» qui fut payée sur-le-champ. »

Ce fut, sans contredit, à une FAVEUR DE HASARD que cet
officier de la marine dut sa pension de 800 francs.

Ces bonnes fortunes dues au HASARD sont assez com-
munes dans l'histoire; mais leur nombre est toujours en
raison inverse de la bonté du système suivi par le gouvernement. Des anecdotes semblables, quant au fond et à la
moralité qu'on peut en tirer, nous dépeignent le HASARD
comme une divinité qui, en mainte occasion, a joui dans
les cours d'un crédit marquant : frère de la fortune, ses
faveurs ne sont point à dédaigner, et beaucoup de gens en
ont profité. Quoiqu'un caprice sans mesure semble pré-
sider au choix de ses protégés, par une heureuse FAVEUR
DE HASARD, ils ne sont souvent pas, autant qu'on le croirait,
plus injustes, ni plus ridicules, que ceux de ces personnages prépondérans qui ont ordinairement une si grande

influence sur la nomination des grâces et emplois d'un gouvernement.

Le trait que nous avons rapporté *honore* BLONDIN, en même temps qu'il *déshonore* le ministère sous lequel il se passait. Dans des bureaux bien réglés, la demande de cet officier aurait été inscrite, avec les titres qui la justifiaient, dans le chapitre où étaient renfermées toutes celles appuyées sur les mêmes droits que la sienne. Le tableau général en eût été présenté en temps et lieu à Sa Majesté, qui eût ordonné ensuite ce que de raison; sans qu'il fût nécessaire de l'intervention d'un *laquais*, pour engager un ministre à rendre la justice qui était due à un officier qui méritait ou ne méritait pas la grâce qu'il sollicitait: car BLONDIN n'en savait rien, il n'avait point examiné les titres de son protégé, et il n'était pas en état d'en apprécier la valeur.

Ces informations préliminaires sur le caractère de l'homme et de ses services étaient pourtant indispensables pour que le ministre pût, avec connaissance de cause, faire droit à la demande de BLONDIN : l'expérience nous avertissant tous les jours, qu'il n'est pas rare de rencontrer des gens sans mérite, des solliciteurs impudens, de mauvais sujets avoir plus de talens que les autres pour intéresser en leur faveur.